D'UNE

NOUVELLE TYPOGRAPHIE,

PAR

PIERRE LEROUX.

EXTRAIT DE LA REVUE INDÉPENDANTE,

Livraison du 25 Janvier 1843.

PARIS,

IMPRIMERIE SCHNEIDER ET LANGRAND,
RUE D'ERFURTH, 1, PRÈS L'ABBAYE.

1843.

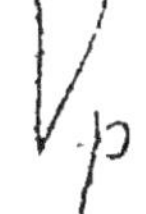

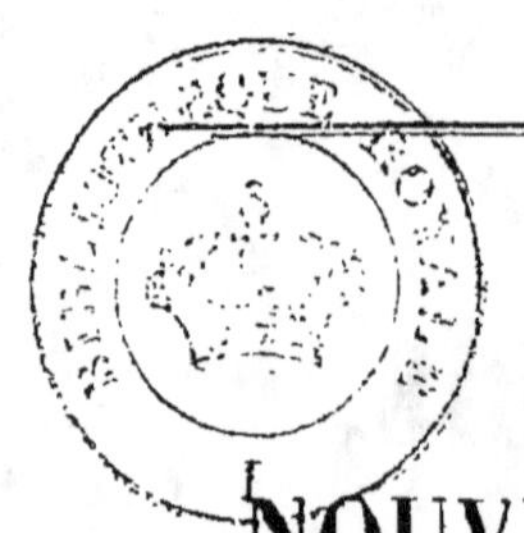

D'UNE
NOUVELLE TYPOGRAPHIE.

« Peut-être un jour il y aura autant d'imprimeries que
« de bibliothèques. »

(RAYNAL.)

« Le temps approche où cet art (l'Imprimerie) changera,
« et où, au lieu d'un secrétaire, vous prendrez un garçon
« imprimeur. Alors la liberté des presses existera, comme
« nous avons toujours eu la liberté des écritoires. »

(RABAUT-SAINT-ÉTIENNE.)

I.

Pour mettre le lecteur au courant du sujet dont nous désirons l'entretenir, commençons par citer une lettre que nous avons adressée récemment à l'Académie des Sciences, par l'intermédiaire de son secrétaire perpétuel :

Paris, le 8 janvier 1845.

A MONSIEUR ARAGO,

SECRÉTAIRE PERPÉTUEL DE L'ACADÉMIE DES SCIENCES.

« MONSIEUR ,

« Dans sa séance du 28 novembre dernier, l'Académie a entendu un Rapport fait par M. Séguier (en son nom et au vôtre, monsieur le Secrétaire, comme membre de la Commission nommée à cet effet, et dont faisaient également partie MM. Coriolis, Piobert, et Gambey), sur une machine à trier et classer les caractères d'imprimerie, présentée par M. Gaubert et nommée par lui *Gérotype*. Ce rapport est très-favorable. Le mécanisme inventé par M. Gaubert comprend deux appareils distincts, l'un servant à distribuer les lettres, l'autre à composer des pages.

« En même temps que M. Gaubert présentait à l'Académie sa double machine, MM. Young et Delcambre exposaient à la curiosité des typographes et livraient au commerce un appareil propre à la composition, mais à la composition seulement, et qui fonctionne dès à présent en Angleterre, où il sert en particulier pour un journal.

« Ces faits m'ont rappelé que le premier, il y a vingt-cinq ans, j'ai eu l'idée de composer des pages d'imprimerie avec une machine, et que cette idée, je l'ai réalisée.

« Mais, à la différence soit de M. Gaubert, soit de MM. Young et Delcambre, je ne m'étais pas attaché à une seule partie de l'art typographique, tel qu'il existe aujourd'hui, savoir la composition (laquelle, dans l'acception du terme technique, comprend la distribution préparatoire des caractères).

« Mon innovation fut plus grande. J'entrepris de faire subir une modification à l'art typographique presque tout entier.

« J'ai l'honneur d'adresser à l'Académie deux exemplaires d'un écrit publié par moi à ce sujet, il y a déjà vingt ans. Cet écrit, imprimé en août 1822, chez M. Didot l'aîné, où j'étais alors compositeur et correcteur d'imprimerie, a pour titre : *Nouveau Procédé typographique qui réunit les avantages de l'Imprimerie mobile et du Stéréotypage*. Il porte pour épigraphe cette sentence de Sénèque sur la perfectibilité indéfinie de l'Humanité : *Nec ulli nato post mille secula præcludetur occasio aliquid adhuc adjiciendi*.

« Dans ce petit écrit, j'expose, en termes très-clairs, l'idée de ce Procédé véritablement nouveau, et qui, je le répète, modifie presque complétement, et non pas dans une partie seulement, l'art de Guttemberg, imprimerie et fonderie. Voici cette idée fondamentale, telle qu'elle est formulée à la page 5 : « Au lieu de fondre les let-
« tres une à une, on en fondra des rayons entiers ; au lieu de onze
« lignes environ de tige, ces lettres n'en auront que trois ; au lieu
« de composer avec la main, on composera avec une machine ;
« enfin, au lieu de faire des avances de papier et de tirage, on con-
« servera les pages comme les clichés stéréotypes. »

« J'examine (pages 7 à 11) les avantages qui doivent résulter de ce système, et je prouve que, sans parler de la rapidité de la composition, et en ne la comptant pour rien, il donne un important résultat, à savoir que « nous stéréotypons ainsi sans aucun frais, « et en avançant seulement la quantité de métal nécessaire. »

« Jusque-là, en effet, le Stéréotypage n'avait été, pour tous ceux qui s'en étaient occupés, que la suite de l'Imprimerie en caractères mobiles, c'est à-dire une opération subséquente à la composition ordinaire, et qui venait ajouter de nouveaux frais aux frais de composition. En outre, les procédés de Stéréotypage sont tous défectueux, soit parce qu'ils donnent des clichés imparfaits, soit parce que les meilleurs clichés exigent, pour être bien tirés, ce qu'on appelle, en imprimerie, une mise en train difficile. Et cela est tellement vrai, qu'on a renoncé aux clichés pour les petits tirages, et qu'on ne tire en général sur clichés que d'assez grands nombres.

« Le nouveau système, au contraire, présente réunis, comme je le dis page 10, l'*Imprimerie mobile et le Stéréotypage*, *avec tous leurs avantages respectifs*, et à moindre prix que l'imprimerie mobile toute seule.

« Les appareils récemment fabriqués soit par M. Gaubert, soit par MM. Young et Delcambre, laissent donc tout à fait intacte mon idée fondamentale, l'idée de *composer et de stéréotyper par une seule opération*.

« Ce qui nous est commun, c'est seulement l'idée de *composer avec une machine*.

« La communication que j'ai l'honneur de faire à l'Académie a pour but :

« 1° De distinguer le problème que je me suis proposé, du problème qui a occupé soit M. Gaubert, soit MM. Young et Delcambre, soit les inventeurs de la machine à composer dont il a été question en Angleterre, vers 1832, et qui se trouve décrite dans le *Bulletin universel* publié à cette époque par M. de Férussac ;

« 2° De rappeler un fait de notoriété parmi les typographes, savoir que, le premier, j'ai proposé de remplacer la composition à la main par une opération mécanique.

« Et non-seulement je l'ai proposé alors, mais j'en ai montré la possibilité par une machine que beaucoup de personnes ont vue fonctionner, dans un modèle d'essai en bois, et avec des lettres de trois à quatre lignes de tige. Le témoignage de ces personnes, dont plusieurs sont d'habiles typographes, ne laisserait, au besoin, aucun doute à ce sujet.

« Je n'ai pas à entretenir l'Académie des circonstances qui ont fait qu'ayant conçu, dès 1816, l'idée de ce nouveau système d'Imprimerie, je n'ai pu trouver, pendant toute ma jeunesse, les ressources pécuniaires nécessaires pour sa complète réalisation, c'est-à-dire pour sa mise en activité. Simple ouvrier, j'avais compris cette réalisation comme un moyen d'émanciper la pensée humaine, d'abolir à jamais la censure qui pesait alors sur la presse, de détruire le monopole de l'imprimerie, de réaliser enfin ce mot de Raynal : « Peut-être un jour il y aura autant d'imprimeries que de « bibliothèques; » et cet autre de Rabaut-Saint-Étienne : « Le temps « approche où cet art (l'Imprimerie) changera, et où, au lieu d'un « secrétaire, vous prendrez un garçon imprimeur ; alors la liberté « des presses existera, comme nous avons toujours eu la liberté « des écritoires. » Plein de ces sentiments, je ne voulus pas faire de cette découverte un monopole. Je repoussai l'offre que me firent plusieurs personnes, et entre autres M. Pierre Didot l'aîné, qui peut en rendre encore aujourd'hui témoignage, de prendre en commun un brevet d'exploitation. Je m'adressai vainement à des hommes politiques qui ne comprirent pas mes idées. Et les faibles avances qui m'étaient nécessaires m'ayant toujours manqué, je me détournai, après sept années de travail, de cette invention qui me paraissait si précieuse, ou plutôt je l'arrachai de mon cœur, avec un violent effort, pour me livrer à d'autres travaux. Aujourd'hui, je vois avec bonheur la réussite des inventeurs qui viennent modifier la Typographie ; et je pense que, de leur côté, ils me verront avec satisfaction rentrer dans cette carrière, s'il me convient et s'il m'est possible d'y rentrer. Il me paraît évident que j'ai tout droit à cet égard, et que mon idée principale est encore aujourd'hui aussi neuve qu'il y a trente ans.

« Agréez, je vous prie, Monsieur le Secrétaire, l'assurance de « tous mes sentiments d'estime et de respect. »

II.

A la séance de l'Académie du 9 de ce mois, M. Arago, en dépouillant la correspondance, a bien voulu mentionner la lettre qu'on vient de lire et en exposer l'objet, en termes honorables pour nous et dont nous devons le remercier.

Le *National*, en rendant compte de la séance de l'Académie (dans son numéro du 11), rapporte ainsi cette communication :

« Un de nos écrivains distingués, qui imprimait les livres des « autres avant d'en faire lui-même, s'est rappelé, en entendant « parler de la nouvelle machine de M. Gaubert, qu'il était, depuis « 1822, l'inventeur d'un procédé typographique entièrement nou- « veau, et il a exposé à l'Académie l'idée dont il avait pris posses- « sion par une brochure publiée en 1822. Le système proposé par « M. Pierre Leroux consiste à composer avec une machine en em- « ployant des caractères dont la tige serait réduite à trois lignes de « longueur, et à fondre ensuite la forme ainsi composée pour la « conserver comme un cliché stéréotype. On voit que les artifices « mécaniques tels que ceux de M. Gaubert se rapportent à une partie « accessoire de ce procédé, et laissent intacte l'idée fondamentale « de composer et de stéréotyper par une seule opération. Ce qui « paraît résulter dès à présent de ces diverses entreprises, c'est « que l'imprimerie est encore susceptible de notables perfection- « nements, et que la pensée, qui doit tant à cet art, peut en at- « tendre encore de nouveaux services. *Peut-être un jour*, a dit « Raynal, *il y aura autant d'imprimeries que de bibliothèques.* Et « Rabaut-Saint-Étienne a dit aussi : *Le temps approche où cet art* « (l'Imprimerie) *changera, et où, au lieu de prendre un secrétaire,* « *on prendra un garçon imprimeur ; alors la liberté des presses* « *existera, comme nous avons toujours eu la liberté des écritoires.* « Que ces conjectures soient des prophéties, nous ne demandons « pas mieux. »

Que ces conjectures soient des prophéties ! C'est pour que ces conjectures deviennent, en effet, des prophéties, et que ces prophé- ties se réalisent, que nous avons pensé à exposer de nouveau, et dans un recueil qui n'est pas consacré d'ordinaire à des sujets de technologie, ce que nous pourrions appeler nos vieilles idées ; car ce sont les idées de notre jeunesse, lesquelles, pour n'avoir pas eu alors de réalisation publique effective, n'en sont pas moins réali- sables.

Nous demandons aux lecteurs qui ont bien voulu suivre quel- quefois notre pensée dans des questions de philosophie, d'histoire, ou de politique, de nous prêter encore ici leur attention, et presque au même titre. Il s'agit toujours, en effet, de perfectibilité et de perfectibilité indéfinie ; en outre, il s'agit toujours de perfectibilité en vue d'un idéal ; il s'agit toujours de liberté, de fraternité, d'éga-

lité. Tous les progrès se tiennent, toutes les découvertes s'enchaî-
nent. On émancipera l'esprit humain et on réorganisera la société
humaine par le dogme, par la science expérimentale, par l'art, par
l'industrie, et non par aucune de ces choses prises isolément. Une
machine est un instrument au profit de l'idéal, de même qu'elle
peut être inspirée par lui. Nos pères, dans la Révolution, avancèrent
bien des sciences par le besoin où ils étaient de défendre la Répu-
blique : que de merveilles en ce genre ne firent-ils pas ! Ce sont
leurs principes, leurs leçons, leurs exemples qui, dans notre jeunesse, nous inspirèrent l'idée d'affranchir la presse par la mécanique. En embrassant ce problème, en le résolvant, nous n'étions
pas un pur industriel, mais un révolutionnaire. Nous étions, si l'on
veut, un révolutionnaire pacifique, un révolutionnaire par la pensée, comme nous le sommes encore aujourd'hui. Nous poursui-
vions la perfectibilité par l'industrie, et par celle de toutes les in-
dustries qui tient le plus à la pensée, et qui en est le messager le
plus direct. Mais nous étions déjà un serviteur de l'idéal. Nous ne
faisions pas de l'industrie pour l'industrie. C'était à l'idéal que nous
voulions apporter ce tribut, et, comme on le verra, c'est pour
avoir voulu trop ardemment, trop étourdiment et trop juvénile-
ment sacrifier à l'idéal, que nous ne pûmes réaliser, suivant les con-
ditions actuelles de l'industrie, une découverte dès lors bien dé-
montrée.

Nous ne sommes donc pas, en traitant ce sujet, si loin de la philosophie qu'on pourrait l'imaginer au premier coup d'œil. Il existe
des gens qui n'appellent philosophie que certaines méditations
abstraites sans rapport avec l'humanité. Ces philosophes séparent
toujours au lieu de réunir ; ils distinguent, mais non pas pour conclure ; ils font l'analyse ennemie de la synthèse, au lieu d'en faire
le flambeau. Aussi demandez-leur quel est l'objet de la philosophie, ils ne sauront vous le dire ; car cet objet, pour eux, ce n'est
pas l'humanité. Tandis que Jésus donne pour principe et pour base
à la religion l'amour de l'humanité, les philosophes dont je parle
ne veulent pas que le sentiment joue aucun rôle dans leur science ;
et, la faisant ainsi consister dans la raison pure appliquée à certains problèmes, ils ne voient aucun lien entre tous les objets de la
connaissance humaine. De là une séparation absolue des éléments
de cette connaissance. L'industrie va d'un côté, l'art d'un autre, la
science d'un autre, la politique d'un autre ; ces philosophes ont
même deux cases distinctes dans lesquelles ils logent la philosophie

et la religion. Nous ne sommes pas de cet avis, et plus que jamais, selon nous, la philosophie doit dire ce qu'elle dit dans Térence :

Homo sum, humani nihil a me alienum puto.

C'est donc sous l'invocation même de la philosophie que nous allons parler d'imprimerie. Non-seulement l'art de Guttemberg est, à nos yeux, perfectible, mais il se trouve que nous l'avons perfectionné il y a vingt-cinq ans. Si, depuis ces vingt-cinq ans la société ne jouit pas de ce perfectionnement, nous en expliquerons la cause, qui est très simple, et qui tient à l'organisation économique de cette société, laquelle organisation (on devrait plutôt dire *désorganisation*) ne permet pas à un inventeur dépourvu des avances qu'on appelle *capital* de réaliser noblement et librement une pensée industrielle utile à l'humanité.

Une seule chose nous arrête dans ce que nous avons à dire ; c'est la nécessité de parler de nous-même. Le *moi*, dit Pascal, est haïssable. On trouvera donc ici ce *moi* haïssable ; nous ne saurions l'éviter. Nous sommes, il est vrai, dans une situation où peut-être jamais inventeur de procédés mécaniques ne s'est trouvé. Plus de vingt ans nous séparent de cette découverte à laquelle nous consacrâmes avec tant d'ardeur sept années de notre vie. Et pendant ces vingt ans, nous nous sommes occupé d'idées si différentes, que cette invention, délaissée par nous depuis longtemps, semble appartenir à une autre existence. Mais pourtant, d'un autre côté, elle se rapporte à notre existence présente. Car, après y avoir pensé mûrement et avoir pris l'avis de nos amis, nous avons l'intention de réaliser pratiquement demain ce que n'avons pu réaliser ainsi il y a vingt ans.

III.

Depuis que nous avons adressé à l'Académie des Sciences la lettre qu'on a lue précédemment, nous avons eu plusieurs fois la conversation suivante. Une personne de notre connaissance nous aborde, nous parle de cette lettre, et ajoute :

— A qui ferez-vous croire que vous ayez inventé, il y a vingt ou vingt-cinq ans, la machine à composer pour laquelle MM. Young et Delcambre, d'une part, et M. Gaubert, d'une autre, viennent de prendre brevet ?

— Comme le fait est certain, il me sera facile de le prouver, et de prouver même que j'ai eu, il y a vingt-cinq ans, l'idée d'un perfectionnement bien supérieur à celui dont il est question aujourd'hui.

— Oh! quant à cette dernière idée, celle de remplacer la distribution par une fonte polyamatype, de composer avec des caractères de trois lignes, et de conserver les pages comme des clichés stéréotypes, personne ne vous la contestera, puisqu'elle n'est venue encore à personne qu'à vous.

— Que pourrait-on donc me contester, puisqu'il est évident que ce plan suppose un appareil mécanique propre à la composition? Je voulais assembler des lettres de trois lignes de tige ; il me fallait donc une *machine à composer*, puisque composer à la main avec de pareilles lettres est chose impossible. J'étais ouvrier, et mes frères, qui ont travaillé avec moi à cette invention, étaient aussi ouvriers. Quelle illusion à cet égard pouvions-nous nous faire? et pourquoi ne nous accorderait-on pas d'avoir eu, il y a vingt ans, autant d'esprit que les personnes qui viennent de prendre des brevets? Quand on verra ma machine à composer, on reconnaîtra que rien n'est plus simple que la composition avec une machine, et que c'était l'œuf de Colomb.

— Vous pouvez avoir raison ; mais avouez qu'il est difficile de comprendre comment, ayant fait alors des essais satisfaisants, vous n'avez pu trouver la somme qui vous était nécessaire pour prendre un brevet et pour établir une imprimerie.

— C'est que mon objet principal n'était pas de prendre brevet ni d'établir une imprimerie.

— Que vouliez-vous donc faire?

— Je voulais établir cinq cents imprimeries.

— Je ne vous comprends pas.

— Vous me comprendriez si vous aviez rêvé comme moi pendant sept ans de ce mot de Raynal : « Peut-être un jour il y aura « autant d'imprimeries que de bibliothèques. »

— J'entends; vous vouliez travailler pour le public et multiplier les imprimeries ; mais comment n'avez-vous pas trouvé quelque industriel qui vous en ait facilité les moyens?

— C'est que je ne m'adressais pas aux industriels, aux spéculateurs.

— A qui donc vous adressiez-vous?

— Je m'adressais aux hommes politiques qui à cette époque voulaient faire une révolution.

— Et que leur disiez-vous?

— Je voulais mettre à leur disposition mes machines, pour réaliser pacifiquement les idées qui me paraissaient les occuper.

— Expliquez-vous.

— Cela est facile.

Je donne alors à mes amis l'explication que je vais donner ici au lecteur, de la façon la plus concise que je pourrai, car je n'écris pas des mémoires.

IV.

Le premier jour que j'entrai dans une imprimerie avec la résolution de me faire ouvrier compositeur, l'idée d'une machine à composer se présenta à mon esprit; car l'art de Guttemberg me parut dans l'enfance. Quand je me plaçai devant une casse, et que je vis combien il fallait d'habitude pour assembler ces caractères qui servent à peindre la pensée, je trouvai l'homme fort gêné devant l'instrument qu'il s'est fait à lui-même, et je vis que cet art, destiné à nous affranchir, n'opère qu'en faisant d'un certain nombre de nos semblables, sous le nom d'ouvriers, de véritables esclaves. Je me dis que la matière pouvait mieux nous obéir, et, tout en apprenant mon métier, j'en maudissais les imperfections.

Mon maître d'apprentissage était mon cousin Herhan, qui avait alors une pauvre petite imprimerie dans le passage du Caire. Herhan était à quelques égards un homme de génie. Fils d'un soldat à qui ses blessures avaient ouvert l'hôtel des Invalides, Herhan n'avait reçu presque aucune instruction; et pourtant la seule belle découverte qui ait été faite dans notre art, de notre temps, avant la Fonte Polyamatype et les Presses Mécaniques, appartient à Herhan. Avant lui il n'y avait eu, depuis Guttemberg, qu'un inventeur de quelque mérite, l'Écossais William Ged, qui imagina le Stéréotypage. Herhan, qui avait travaillé pendant la Révolution à la fabrication des assignats, apporta dans le Stéréotypage une idée tout à fait neuve, l'idée de composer avec des matrices de cuivre, frappées et justifiées à froid, et de stéréotyper par une seule opération de clichage. Je me plais à rappeler le souvenir d'Herhan, qui vécut et mourut, comme tant d'inventeurs, dans la pauvreté. Il n'était pas assez riche pour employer son propre procédé. Son imprimerie était une imprimerie ordinaire et consacrée surtout à ce qu'on appelle des *ouvrages de ville*. Mais il montait alors, pour la librairie Treuttel et Würtz, un atelier de stéréotypage, comme il avait fait autrefois pour la librairie Mame, et son enthousiasme d'inventeur l'avait repris dans sa vieillesse. Les vrais inventeurs sont toujours aux prises avec la fortune. Dans leur lutte pour changer la réalité, ils reçoivent de rudes atteintes de cette ennemie qu'ils prétendent asservir. Combien de souffrances de tous genres n'ai-je pas vues tomber sur mon pauvre parent, que rien ne pouvait pourtant désillusionner ni abattre! il a fallu la mort pour le terrasser.

J'avais donc conçu rapidement l'idée de changer la composition avec une machine, tout en faisant mon apprentissage dans la petite imprimerie du passage du Caire, que dirigeait, en qualité de prote, un homme dont les presses sont aujourd'hui en réputation, M. Lacrampe. Quand mon cousin me montra ses matrices de cuivre, qu'il fabriquait dans un autre local, je conçus l'idée de changer la fonderie, également avec une machine.

Je réunis ensuite ces deux idées, ou plutôt elles se réunirent, par leur affinité même, dans mon cerveau, et une *nouvelle typographie* m'apparut comme possible.

J'imaginai de modifier à la fois la Fonderie, le Stéréotypage, et l'Imprimerie mobile. J'inversai en quelque sorte les opérations du système adopté par Herhan. Ce qu'il faisait à la fin, savoir la fonte des clichés, j'imaginai de le faire, pour ainsi dire, au commencement, en employant ses matrices à fabriquer un moule au moyen duquel on fondrait des rayons entiers de lettres. Les avantages du Stéréotypage d'Herhan subsistaient par là, et les inconvénients, qui consistent dans la grande quantité de matrices de cuivre nécessaires pour composer en mobile, disparaissaient; car un petit nombre de matrices suffisait pour faire le moule, et ce peu de matrices n'en fournissaient pas moins de véritables clichés. En effet, il est évident que si on ne donnait aux lettres ainsi fondues que la hauteur des clichés, et si on trouvait le moyen de composer avec ces petits caractères, et de les tenir serrés et solides comme sont les pages dans l'Imprimerie mobile ordinaire, on aurait naturellement des clichés, ou l'équivalent de clichés, à la fin de l'opération.

Voilà toute mon idée, et voilà comment j'y ai été conduit. Si cette idée a de la valeur, je dois reconnaître qu'elle me fut inspirée en grande partie par la découverte antérieure d'Herhan. Combien il m'est doux, à moi qui l'ai aimé et admiré dans sa misère, dont tant de gens lui faisaient un opprobre, de lui rendre ce témoignage !

V.

Mon nouveau système d'Imprimerie était trouvé ; il le fut dès 1817.

Mais il fallait faire deux machines, sans parler de nombreuses manutentions de détail ; et pour faire ces deux machines, il fallait un peu d'argent.

Peut-être aujourd'hui même quelque jeune homme en possession d'une découverte utile à la société, est-il aussi embarrassé que nous le fûmes, mes frères et moi, il y a vingt-cinq ans, lorsque nous résolûmes d'exécuter ces deux machines. Que ce qui nous est arrivé soit favorable à ce jeune homme et à la vérité nouvelle qu'il porte dans son cœur et dans sa tête. Que ceux qui pourraient lui fournir l'avance d'argent nécessaire à l'éclosion de cette vérité regardent à deux fois avant de rejeter ses offres comme une chimère. Car telle est la constitution actuelle de la société, que les idées les plus justes, les plus réalisables, sont des chimères quand elles ne rencontrent pas *le capital*.

Nous étions loin, fort loin de ce *capital*. Mais ma majorité approchait ; on put vendre la chaumière et le champ paternel ; et les dettes que ma mère avait contractées pour nous élever étant payées, le surplus (surplus très-minime) fut employé à la nouvelle typographie. Mes frères, quoiqu'ils ne fussent encore que des enfants, avaient compris mon idée ; et nous nous fîmes menuisiers, fondeurs.

Encore une fois, je n'écris pas des mémoires, et il serait fort ridicule de raconter ici notre vie de ménage, notre vie de Robinson au milieu de ce grand Paris où, à l'exception des ouvriers mes camarades, je connaissais à peine deux ou trois personnes. Je ne parle de ces détails intérieurs que pour expliquer comment j'ai passé tant de temps sur une idée facile à réaliser.

Une première ébauche de la machine à composer fut bientôt faite. Et pourtant ce n'est pas sans avoir imaginé plusieurs combinaisons, que je m'arrêtai enfin à l'appareil le plus simple, le moins coûteux, et de tous points le meilleur. Il s'agissait, les lettres étant condensées les unes sur les autres, en rayons, de profiter de toute façon de la pesanteur des corps et de la régularité des caractères d'imprimerie pour détacher ces lettres une à une à volonté, et les faire

arriver sur un seul point, où elles s'assembleraient pour former des
mots, comme elles s'assemblent sous la main de l'ouvrier dans
l'instrument que l'on nomme *composteur*. Se servir pour cela du
plan incliné était évidemment l'idée plastique d'un tel appareil.
Mais comment placer les rayons? comment détacher les lettres une
à une exactement et sans en entraîner d'autres? Comment faire
que ces lettres ainsi détachées arrivassent au *rendez-vous* général,
en ordre et sans encombre? Comment aussi les faire avancer dans
le *composteur*? Comment arrêter la ligne à la grandeur voulue et
la *justifier*? Comment enfin opérer un *espacement* égal des mots
dans une même ligne? Nous résolûmes tous ces problèmes par un
appareil d'une extrême simplicité.

Mais il fallut ensuite exécuter un autre appareil pour fondre, et
c'est là que nous rencontrâmes des difficultés d'argent plus sé-
rieuses. Ce n'était plus le bois, c'était le fer, l'acier, le cuivre qu'il
fallait manier. J'ai déjà dit que les procédés d'Herhan pour justifier et frapper des matrices m'avaient donné l'idée de mon moule
multiple. Mais, quoique j'eusse une idée bien nette de ce moule,
l'exécution seule pouvait en prouver la bonté, et cette exécution
était coûteuse. Nous fîmes quelques essais qui réussirent assez pour
nous convaincre, mais qui, pour d'autres, n'auraient peut-être rien
décidé; car, en fonderie, la perfection seule prouve quelque chose.

Pendant que nous étions occupés de ces essais, j'appris avec un
sentiment douloureux pour mon amour-propre que j'étais devancé
sur ce point de la fonderie. Un homme de grand mérite, M. Henri
Didot, venait de réaliser cette fonte *multiple* dont j'avais la pensée
depuis 1816. M. Henri Didot avait pris brevet pour un appareil de
fonderie qu'il appelait *polyamatype*. Mon idée générale n'était donc
pas une chimère, puisqu'une des parties de cette idée totale, et la
partie sur laquelle je pouvais conserver des doutes, était réalisée.
Aussi je puis dire que le petit sentiment de chagrin que j'éprouvai
fit bientôt place à une véritable satisfaction. La *fonte polyamatype*
prouvait la possibilité d'une *typographie nouvelle*.

Cependant les mois s'écoulaient; l'argent manquait, et notre dé-
tresse était extrême; ma pauvre mère surtout me paraissait en
souffrir. Un ami de notre famille, qui nous servait de tuteur, vit
nos essais, et, ne connaissant rien à l'imprimerie, les traita de
rêves trop hasardeux pour qu'on pût y sacrifier autant que nous
le faisions. Il me promit de me faire les fonds nécessaires plus
tard, si j'étais *sage*. Je fis alors, pour lui montrer ma modération

et ma patience, un voyage en Angleterre, où je devais étudier l'imprimerie chez les Anglais, leurs procédés de stéréotypage et leurs essais de presses mécaniques dont on commençait dès lors à parler. Je fis plus ; afin de me créer une diversion, et pour mieux oublier ma funeste invention, je formai un autre projet ; je conçus l'idée d'un journal qui tiendrait ses lecteurs au courant de toutes les découvertes faites dans les sciences et dans toutes les branches de l'activité humaine, chez les principales nations ; et ce journal, cosmopolite sous le rapport des informations qu'il devait renfermer, je l'appelai dans ma pensée *le Globe*. L'Angleterre me parut le pays qu'il fallait étudier avant de créer un pareil journal. A cette époque, entre l'Angleterre et la France, il y avait encore un mur de séparation. J'allai donc en Angleterre avec ces idées. Un de mes amis, M. Achille Laurent, aujourd'hui correcteur à l'Imprimerie royale, fit ce voyage avec moi, et nous cherchâmes à Londres du travail comme compositeurs. Mais nous n'en trouvâmes pas. Les Anglais nous montrèrent une cruelle antipathie nationale. A Londres, la corporation des ouvriers nous ferma toutes les imprimeries ; à Westminster, où il n'existait pas légalement une pareille corporation, les maîtres imprimeurs pour qui nous avions des lettres de recommandation nous déclarèrent que, s'ils nous employaient, nous serions infailliblement maltraités par nos compagnons et forcés chaque jour de nous battre.

Nous quittâmes ce pays inhospitalier, après avoir fait d'inutiles efforts pour y gagner notre subsistance ; et, de retour à Paris, je travaillai dans plusieurs imprimeries. La nécessité d'un salaire journalier, jointe à la promesse qui m'avait été faite de fonds suffisants si je prouvais ma patience, fut cause que je laissai sommeiller mon idée.

Et cependant tout me la rappelait sans cesse d'une façon poignante !

Quel triste et monotone labeur que celui du compositeur d'imprimerie ! Les gens du monde s'imaginent que l'imprimeur lit les livres ou au moins les pages qu'il compose ; il n'en est rien. Il ne lit que des lignes, ou plutôt que des lettres ; la nécessité d'aller vite l'empêche de saisir la pensée dont il est chargé de rendre l'enveloppe. Il ne doit s'occuper que de cette enveloppe, et il ne doit même la voir que fragmentairement, par mots isolés. Son temps est mesuré : dix sous par heure. Et pour gagner ces dix sous, il faut être une habile mécanique, qui ne se dérange pas, qui ne s'amuse pas à lire la copie, ni à réfléchir sur elle, mais qui s'applique à saisir rapidement des mots aussitôt oubliés que rendus. Toute la journée ainsi employée, douze ou quatorze heures de travail, sans distraction et sans profit intellectuel; et, pour prix, un salaire qui n'excède pas quatre francs en moyenne (et heureux ceux qui arrivent à cette moyenne!), voilà la vie du compositeur d'imprimerie. Combien de mes vieux camarades je retrouve aujourd'hui travaillant à soixante et soixante-dix ans, après une vie vertueuse et toute philosophique! O invalides de l'industrie, quand s'occupera-t-on de votre sort! Non, jamais je n'ai pensé que ma découverte pût être nuisible à mes compagnons! Je les trouvais trop esclaves, pour qu'il ne fût pas bon de perfectionner cet art auquel nous étions enchaînés.

J'avais encore d'autres raisons pour juger mon métier fort misérable et fort imparfait. A cette époque, l'imprimerie n'était pas même aussi libre qu'elle l'est aujourd'hui. L'*intimidation*, ce mot inventé, je crois, par le Robespierre de l'Éclectisme, par M. Guizot, ce mot qui est à la *terreur* ce que la Contre-Révolution est à la Révolution, pesait alors de tout son poids sur elle. On a vu récemment ce que peut l'*intimidation* sur les industriels brevetés et monopoliseurs qui ont le privilége d'exercer seuls cet art. Une fois *intimidés*, ils se font censeurs de la pensée des écrivains, et la censure ministérielle s'établit de fait par leur intervention. Mais ce qu'on a vu il y a quelques mois n'est rien auprès de ce qui existait il y a vingt-cinq ans. A cette époque la pensée était censurée ouvertement et de toute façon. Les maîtres imprimeurs vivaient dans une *intimidation* continuelle. Non-seulement on avait la censure des journaux, et par moments la censure des livres; mais en outre un espionnage hebdomadaire de police s'exerçait à l'ombre des lois. Des mouchards, sous le nom de commissaires de la librairie, pénétraient dans les ateliers, sous prétexte de vérifier les déclarations faites par les maîtres imprimeurs, et venaient à nos *visorium* voir ce que nous composions. Alors nous cachions la *copie* dans le *rang*, et souvent le mouchard entendait gronder autour de lui cette espèce de tintamarre sauvage qu'en termes d'atelier on appelle un *roulement*. Je ne pouvais voir cette inquisition de la pensée sans m'indigner et sans penser à l'affranchissement.

Combien de fois, laissant mon travail, j'ai assemblé dans mon *composteur* la prophétie de Raynal et celle de Rabaut-Saint-Étienne! C'était ce que j'appelais faire mon sacrifice aux divinités secourables. Puis je rejetais avec tristesse dans la *casse* les lettres que j'avais réunies.

Sur ces entrefaites, un de mes amis d'enfance, M. le docteur R***, connaissant bien tous mes sentiments, m'initia à l'existence d'une société ayant pour but de *délivrer la France*. C'était, je crois, la formule sous laquelle le Carbonarisme se dévoilait d'abord à ceux qu'il voulait agréger à son œuvre. Le Carbonarisme est de l'histoire si ancienne, que je peux bien me permettre, puisque cela entre dans mon sujet, d'en dire un mot aujourd'hui. Je fus reçu dans une *vente* que présidait M. H*** S***, célèbre maintenant dans son art. Il ne fallait qu'assister à une ou deux séances de la Charbonnerie, pour apercevoir tous les défauts qui ont perdu cette association. La lutte de principes différents et d'ambitions divergentes n'en était pas le seul vice. Je ne sais quel esprit de légèreté et d'imprudence régnait dans ce premier essai d'une société secrète en France. Malgré tout mon désir, je ne pus jamais me faire illusion sur l'issue probable de cette entreprise.

On discutait beaucoup dans les *ventes*; et pour mettre de l'ordre dans ces discussions, un règlement avait été fait. Un des articles de ce règlement portait que « tout membre de l'association devait avoir « chez lui un fusil de munition et vingt-cinq cartouches. » Dans chaque *vente* il y avait plusieurs de ces règlements; on se les prêtait, on en faisait des copies. Je trouvais cela non pas seulement téméraire, mais absurde. Et en effet ce fut sur ce règlement que le malheureux colonel Vallée fut condamné quelque temps après et exécuté à Toulon. Je faisais des représentations à mes complices sur leur légèreté, et je leur proposais de se servir de chiffres. En y réfléchissant, je vis que ma machine à composer pouvait servir à cet usage.

Cela me conduisit à une autre pensée. Je me demandai si la Charbonnerie, qui ne me paraissait avoir aucune chance de succès comme conspiration à main armée, ne pouvait pas se poser un but tout différent et se transformer en conspiration pacifique, ayant pour objet de propager les idées libérales qui en étaient l'âme. Après y avoir réfléchi, je vis bien que cela encore était impossible, et que le mouvement primitivement donné emportait la nécessité d'une collision violente. Mais je me persuadai qu'on devait tenter un effort de ce genre; et, pour ma part, je crus que la Charbonnerie pouvait servir à la réalisation de mes idées sur l'émancipation possible de l'imprimerie. Je résolus donc de m'adresser pour cet objet à Lafayette.

Je rédigeai une note où j'établissais qu'avec cent mille francs on pouvait affranchir à jamais la presse, et la mettre à l'abri de toutes les censures imaginables, imprimer à volonté tous les livres libéraux qu'on jugerait utile de répandre, et de plus établir entre tous les membres d'une vaste association répandue sur le globe entier une correspondance en *chiffres*, aussi étendue que l'on voudrait, et aussi facile à lire pour les adeptes qu'inexplicable pour les non-initiés. Mon mémoire rédigé, j'écrivis au général pour lui demander un rendez-vous. Je lui parlais à mots couverts de la conspiration dans laquelle je le savais engagé et dans laquelle je servais parmi les plus obscurs, et je lui indiquais, à mots couverts aussi, ce que j'appelais une *conspiration morale*, réalisée par des procédés nouveaux et dont j'étais l'inventeur. Deux jours après, le général m'envoya M. Levasseur, qui remplissait auprès de lui une sorte de fonction d'aide de camp, et qui s'est retrouvé en cette qualité dans les journées de juillet. M. Levasseur, ne m'ayant pas trouvé, me laissa sa carte avec un mot d'écrit où il m'annonçait que le général m'attendrait le mercredi de cette semaine, ou le jeudi, à ma volonté, de 9 à 11 heures. Je retrouve cette note dans mes papiers, et voilà pourquoi je mentionne cette circonstance indifférente. Je me rendis avec empressement rue d'Anjou. Le général me reçut dans un salon où il causait avec deux personnes en costume militaire. Mais après un instant, il me fit passer dans un cabinet en face du salon. Seul avec lui, je considérai sa figure, qui, bien que douce et d'un certain caractère, ne remplit pas mon attente. Il y avait, comme on sait, dans la longueur de sa tête, quelque chose de défectueux qui me frappa d'autant plus que je n'avais jamais vu de portrait de lui. Je sentis qu'il ne me comprendrait pas, et mon trouble se montra dans quelques paroles où je lui exprimais ma vénération et le bonheur que j'éprouvais de le voir. Il m'embrassa alors avec bonté. Je repris un peu de calme, et je commençai à lui expliquer mon invention. Mais bientôt il m'interrompit en me disant : « Quoi ! c'était donc vraiment d'une invention mécanique que vous vouliez me parler ? » Il avait pris ce que je lui avais écrit à ce sujet pour une feinte choisie par moi, afin que, si cette lettre tombait entre les mains de la police, elle ne fût pas compromettante. Je lui répondis naïvement qu'il s'agissait en effet d'imprimerie, mais que par l'imprimerie perfectionnée nous pouvions saisir beaucoup de choses que nous n'atteindrions pas autrement. Il m'engagea alors à lui exposer tout mon plan. Mais je m'apercevais qu'il était à d'autres idées, et peut-être pensait-il à retourner auprès de ses amis qu'il avait quittés pour m'écouter. J'abrégeai donc autant que je pus, et je n'eus pas même le courage d'ouvrir mon mémoire rédigé d'avance et que j'avais apporté avec moi. Quand j'eus terminé, il m'adressa des paroles d'éloge et d'encouragement, et m'invita à revenir le voir. Il ajouta qu'il aurait peut-être besoin de moi pour imprimer quelque chose, si je voulais lui rendre ce service. Je compris qu'il s'agissait d'imprimer clandestinement.

Je sortis non pas désolé, mais désillusionné relativement à mes folles espérances. Je n'ai revu le général Lafayette que dans les journées de juillet. La conspiration, comme il la comprenait, avait enfin réussi. Mais comment en profita-t-il, et comment en profita-t-on ?

A quelques mois de là, l'affaire de Béfort, celle de Saumur, celle de la Rochelle, échouèrent. On dressa des échafauds, où nos amis montèrent.

De pareils jours ne permettaient pas de penser à autre chose qu'aux événements politiques. Je me rappelle avec horreur la journée où nous devions sauver les conjurés de la Rochelle et où nous ne les sauvâmes pas.

J'avais donc délaissé de nouveau mes projets typographiques, lorsqu'en 1822 une circulaire parut qui me surprit beaucoup. Dans cette circulaire, adressée à tous les libraires et à tous les maîtres imprimeurs, on annonçait, sans rien spécifier, une *nouvelle imprimerie, un nouveau stéréotype*. Depuis cinq ans je n'avais pas fait un absolu mystère des idées qui m'occupaient; j'étais même entré, avec plusieurs personnes, dans le détail de mes procédés; à quelques-unes j'avais montré mes essais. Je conçus des soupçons sur cette circulaire anonyme, soupçons que rien depuis n'a dissipés. Je résolus donc de prendre l'initiative, et je publiai le petit écrit dont j'ai retrouvé dernièrement des exemplaires, et dont M. Arago a parlé à l'Académie des Sciences.

VI.

Or ce petit écrit de 1822, je veux le reproduire ici. Je n'ai même pris la plume que pour faire cette citation.

Lecteur qui ne vous intéressez guère aux sujets de pure technologie, et qui peut-être même faites profession de ne pas les comprendre, il y aura quelqu'un de trompé, vous ou moi : moi, si, arrivé jusqu'ici, vous refusez d'aller plus loin ; vous, si je vous persuade de lire une sèche description de procédés mécaniques. Cette fois, en effet, pour présenter mon projet, j'avais laissé de côté le sentiment ; j'appelle ainsi mes rêves d'affranchissement de la pensée, de vulgarisation indéfinie de l'imprimerie, de correspondances en chiffres, etc., etc., toutes choses cependant qui ne sont pas aussi chimériques qu'on pourrait l'imaginer, et auxquelles je tiens encore, malgré mes vingt ans de plus. Je ne m'étais attaché qu'aux mobiles ordinaires de l'industrie, et à ce qu'on appelle le *positif*, c'est-à-dire l'utilité et le profit. En un mot, je m'étais fait Barême, et ne parlais que par chiffres. Voici donc ce morceau de digestion difficile, pour employer une locution vulgaire. Encore une fois, Lecteur peu technologue, ou peu technologiste (je ne sais lequel il faut dire), je ne vous ai conté mon histoire que pour vous engager à lire ce qui va suivre. C'est un résumé très-court du point de vue nouveau sous lequel j'envisageais alors et sous lequel j'envisage encore aujourd'hui la réforme presque complète de l'art typographique (1).

NOUVEAU PROCÉDÉ

TYPOGRAPHIQUE

QUI RÉUNIT

LES AVANTAGES DE L'IMPRIMERIE MOBILE ET DU STÉRÉOTYPAGE.

> *Nec ulli nato post mille secula præcludetur*
> *occasio aliquid adhuc adjiciendi.*
>
> (SÉNÈQUE.)

Tous ceux qui ont stéréotypé jusqu'à présent (2) n'ont eu en vue que d'obtenir une copie solide d'une page composée en lettres mobiles à la manière ordinaire. Le stéréotypage n'a donc été pour

---

(1) Ce qui suit, jusqu'à la fin de ce chapitre, est la réimpression fidèle, pour le texte comme pour les notes, de la brochure (de 16 pages in-8°) imprimée en août 1822, chez J. Didot l'aîné, rue du Pont-de-Lodi, n. 6.

(2) William Ged, orfévre à Édimbourg, conçut vers 1725 l'idée du stéréotypage. On a retrouvé dans ces derniers temps plusieurs planches solides dont on se servait à Paris pour imprimer les calendriers qu'on place à la tête des livres d'église, et on a prétendu que ces essais grossiers étaient antérieurs à William Ged ; mais quand cette

tous, sans exception, que la suite de l'imprimerie en caractères mobiles.

Mais allons directement au but, et laissons de côté les procédés plus ou moins satisfaisants qu'ils ont employés pour obtenir cette copie. Quel avantage se propose-t-on? Celui de pouvoir tirer à mesure du débit, en conservant de minces lames de plomb, au lieu de faire des avances de papier et de tirage. Est-il donc nécessaire pour cela de composer d'abord avec des caractères de huit ou dix lignes de tige, pour stéréotyper ensuite par une ou deux opérations? est-il impossible d'obtenir le même résultat *à priori?* en un mot est-il impossible de composer, au moyen d'une machine, avec des caractères de trois lignes?

Au premier coup d'œil cette idée paraîtra sans doute impraticable : elle est cependant réalisée. J'ai fait un appareil au moyen duquel on peut composer aisément avec des types de trois lignes de hauteur. Cet appareil est simple, et remplit parfaitement le but.

Ce n'est encore, il est vrai, que la moitié du problème; car il faut trouver le moyen de distribuer aisément ces petits types; ou plutôt, puisqu'il s'agit de les conserver composés, il faut remplacer la distribution par une fonte continuelle, qui ne soit pas beaucoup plus coûteuse que la distribution même.

Mais cette autre innovation est déjà faite, elle est en pleine activité; et, même considérée ainsi isolément, elle a sur le procédé ordinaire un avantage considérable. En un mot, c'est la fonderie polyamatype.

En effet, la distribution actuelle est évaluée le quart de la composition; c'est deux à trois sous par mille, c'est un quart d'heure de temps : or un moule polyamatype peut fondre un mille en dix coups.

Toutes les parties de l'imprimerie, créées à la fois par les inventeurs, et séparées dans la suite, seront donc de nouveau réunies après avoir subi d'importantes modifications. *Au lieu de fondre les lettres une à une, on en fondra des rayons entiers; au lieu de onze lignes environ de tige, ces lettres n'en auront que trois; au lieu de*

---

assertion serait aussi vraie qu'elle est incertaine, comme ceux qui ont fait ces planches n'ont pas su tirer parti d'une idée bien simple en elle-même, que William Ged n'en eut certainement pas connaissance, et que, malgré la haine et l'envie, il travailla pendant vingt ans à réaliser et à étendre sa découverte, il mérite justement le titre d'inventeur, et je ne conçois pas quelle sorte de patriotisme a pu aveugler sur ce point les écrivains français qui le lui ont refusé.

composer avec la main, on composera avec une machine; enfin, au lieu de faire des avances de papier et de tirage, on conservera les pages comme les clichés stéréotypes.

Fondre et composer, voilà les deux choses principales ; mais depuis l'instant où les lettres sortent du moule jusqu'à celui ou la forme est mise sous la presse, il y a plusieurs opérations accessoires, et il est clair qu'on ne peut les faire sur des caractères de trois lignes comme sur des caractères de dix lignes et demie. Il faut donc que ces petites manutentions se fassent d'une manière appropriée à la nature de nos nouveaux types ; il faut que le moule polyamatype lui-même soit modifié ; enfin il faut établir un certain ordre régulier, de sorte qu'on ne soit jamais obligé d'arranger immédiatement les caractères un à un avec la main, ce qui serait, pour ainsi dire, impossible.

Je ne décrirai pas cet ordre, très-simple en lui-même ; mais je ferai remarquer que presque tous les petits détails disparaissent dans notre procédé.

En effet, dans la fonte ordinaire, il faut casser le jet, assembler les lettres, abattre les bords de l'œil, faire souvent un second cran, faire le pied, et frotter. Mais donnez un peu plus de hauteur en papier, c'est-à-dire un peu plus d'élévation à l'œil, et il devient inutile d'en abattre les bords : en effet les caractères polyamatypes de M. Henri Didot n'ont pas de talus. En outre, ils sortent du moule sans aspérités, sans soufflures, et je crois même qu'on ne les frotte plus. Enfin, nous n'avons pas besoin du cran, qui sert uniquement à diriger la main du compositeur (1).

La composition une fois faite au moyen de notre appareil, la mise en pages se fera tout aussi aisément qu'à l'ordinaire, en faisant glisser les pages sur des galées faites exprès ; puis on les serrera isolément dans des cadres proportionnés pour les mettre sous presse ; et on les conservera ensuite sur des rayons, pour un nouveau tirage : quelques légers changements rendent ces opérations très-faciles (2).

(1) Quant à la *révision*, il semble qu'il n'en est pas besoin dans la fonte polyamatype ; car le mouvement étant toujours réglé, toujours égal, il n'y a pas de raison pour qu'une lettre vienne bien dans un moment et mal dans un autre. Si on n'a pas encore atteint ce point, on l'atteindra dans la suite.

Au reste, il y a aussi une révision à faire dans tous les procédés de stéréotypage ; et dans l'imprimerie mobile, toutes les lettres gâtées que l'on change, toutes les *coquilles* mêmes sont encore une espèce de révision : or il est impossible de faire des coquilles en se servant de notre appareil.

(2) Il est probable que les premiers inventeurs de l'imprimerie ont employé d'abord

Examinons maintenant les avantages qui peuvent résulter de ce nouveau système typographique. Nous ne diminuons pas le prix du papier, de l'impression, etc.; un volume nous reviendra donc à peu près aussi cher qu'il revient actuellement, mais avec cette différence que pour vendre un seul volume le libraire est obligé d'avoir plusieurs milliers d'exemplaires dans son magasin, au lieu que nous, dont les avances seront beaucoup moins considérables, nous pourrons mettre en vente avec les mêmes fonds plusieurs volumes au lieu d'un, suivant le tirage, et par conséquent multiplier notre bénéfice.

En effet, soit un volume grand in-8° plein, qu'on tirerait à 2,000 exemplaires (50 feuilles en cicéro; justification, 35 lignes de 40 lettres; 22,400 lettres à la feuille). Comparons les avances qu'il faut faire de part et d'autre.

Ces avances sont, dans l'imprimerie actuelle :

1° La distribution et composition (à 14 francs 30 centimes la feuille). . . . .   429 fr.

2° Le tirage (à 3 fr. le mille).   600

3° Le papier (à 14 fr. la rame). 1,680

4° Les étoffes, pour l'avance momentanée des caractères employés sur l'ouvrage, le déficit qu'ils éprouvent, l'usage des presses, etc. (à 60 pour cent.).   618

5° D'autres avances que je ne compte pas, telles que la brochure, frais de magasin, etc.

TOTAL. . . . . 3,327 fr.

Ainsi, avant de vendre un seul exemplaire, il faut une avance réelle ou fictive de plus de 3,327 francs.

En employant nos procédés, nous aurons à avancer :

1° La quantité de métal qui entre dans nos soixante formes. Or la feuille de cicéro, à dix lignes et demie de tige, dans la justification supposée, pèse environ 73 livres. Les 50 feuilles pèsent donc 2,190 livres. Par conséquent les mêmes trente feuilles,

des caractères de très-peu de hauteur, comme plus faciles à équarrir et à justifier. Ces caractères étaient de bois, et peut-être aussi de métal, mais taillés au lieu d'être fondus. Du moins il passe pour constant qu'ils se sont servis de petits caractères de bois. Des témoignages presque contemporains, et divers indices tirés des premiers livres imprimés, le prouvent ; presque tous ceux qui ont écrit sur l'origine de l'imprimerie en tombent d'accord, et Fournier a été jusqu'à croire que la Bible sans date à quarante-deux lignes par colonne en était un résultat. Mais on sent quelle peine il devait y avoir à composer à la main avec de semblables caractères.

à trois lignes seulement, pèseront environ 620 livres. A 14 sous la livre, c'est. . . . .   434 fr.

2° La main-d'œuvre de la fonte polyamatype. Supposons que l'on ne fonde que 100 lettres d'un coup, et 900 coups par jour (on en fond près du double). Deux ouvriers pourront donc fondre 90 mille lettres dans une journée. C'est de quoi entretenir une douzaine de compositeurs. Nous avons vu qu'il n'y a presque plus de manutention accessoire ; mais, en continuant de mettre tout au plus haut, portons la main-d'œuvre de ces 90 mille lettres à 20 fr. : ce sera 150 fr. pour les 672 mille lettres qui entrent dans nos trente feuilles. . . . . . ci.   150

3° La composition. Elle coûtera moins cher que la composition actuelle ; mais en la supposant au même prix, il faut en diminuer le quart, pour la distribution que nous n'avons pas. Il reste.   522

4° Un premier tirage à 500.   150

5° Papier de ce premier tirage.   420

6° Étoffes. Il est clair que l'avance momentanée de caractères qui a lieu dans l'imprimerie actuelle n'existe réellement pas ici. Les étoffes proviennent donc ici de l'emploi de la machine à fondre, de la machine à composer, et de la presse.   575

7° Quelques menus frais.

Total. . . . . . 1,849 fr.

Donc, au tirage de 2,000 exemplaires, on pourrait mettre en vente, par notre procédé, près de deux volumes au lieu d'un, avec la même avance de fonds.

Mais examinons de quoi se compose notre avance totale. Elle se compose d'une somme de 454 francs, valeur réelle et toujours subsistante d'une certaine quantité de métal ; de la fonte polyamatype et de la composition, qui ensemble équivalent à peu près à la distribution et à la composition ordinaires ; et enfin des frais d'un premier tirage à 500. Or dans tous les procédés il faut faire l'avance de la composition et du premier tirage. Le résultat est donc évidemment que nous stéréotypons sans aucun frais, et en avançant seulement la quantité de métal nécessaire ; valeur que nous pourrons réaliser quand nous le voudrons.

En un mot, et pour généraliser, *c'est l'imprimerie mobile et le stéréotype à la fois, au prix que coûte actuellement l'imprimerie mobile toute seule.*

Après cela il serait inutile d'établir une comparaison avec les divers stéréotypages connus ; car il est constant que par ces procédés, quels qu'ils soient, on aura toujours à faire les mêmes avances que nous, et de plus la fabrication des 500 clichés qui composent le volume, par conséquent de nouvelles étoffes pour cette fabrication, etc. Il est vrai que les clichés pourront avoir une demi-ligne ou une ligne de moins que nos pages ; mais c'est un très-petit avantage, et qui se trouve absorbé par d'autres dépenses dont il est inutile de faire le détail.

On me dira peut-être : « Vous ne faites jamais que diminuer des trois quarts environ la quantité de matière qui entre dans les types. Comment se fait-il qu'il n'y ait pas dès à présent un grand avantage à conserver les formes toutes composées ? » Je réponds qu'on le fait aussi, et plusieurs prétendues nouvelles éditions ne sont en effet que de nouveaux tirages. Mais calculez cette avance en caractères fondus un à un, et vous verrez qu'il faut supposer un débit bien considérable, comme celui de certains livres classiques, pour qu'il y ait de l'avantage à la faire. Maintenant, voulez-vous parler de caractères polyamatypes, en les supposant aux prix où ils pourraient être ; je conviens que dans ce cas je n'ai pas d'autre avantage que d'économiser plus des deux tiers de la matière, c'est-à-dire plus de 1,000 francs pour un volume in-8° tel que nous l'avons supposé (plus de la moitié en sus de nos avances). Mais multipliez cet avantage pour un grand nombre de volumes, et remarquez qu'une avance double d'une autre, et qui ne produit pas plus, devient réellement quadruple en librairie, comme dans tout commerce où le débit est successif, parce qu'elle demande deux fois plus de temps pour être remplie ; et vous verrez que cet avantage, déjà si considérable par lui-même, devient véritablement immense.

En continuant notre comparaison avec l'imprimerie mobile, voici une seconde supériorité qui n'a pas besoin de développements, parce qu'elle est de l'essence de toutes les espèces de stéréotypage. L'auteur ou le libraire court souvent la chance de ne pas vendre. En tirant tous ses exemplaires, il peut tout perdre ou perdre beaucoup : en employant nos procédés, il ne peut jamais perdre que la main-d'œuvre de la composition et de la fonte polyamatype ;

ce qui, comme nous l'avons vu, ne surpasse pas de beaucoup la composition ordinaire.

Je le répète, nous avons tous les avantages du stéréotype, mais sans avoir ses défauts; car tous les procédés de stéréotypage employés jusqu'à ce jour sont plus ou moins dispendieux; tous ne donnent d'ailleurs que des résultats imparfaits en comparaison de l'imprimerie mobile; pour que le tirage en soit beau, même sur de bons clichés, il faut le payer plus cher. Enfin, sous le rapport de la correction, on a justement vanté les éditions stéréotypes; cependant tout se borne presque à pouvoir corriger quelques fautes d'orthographe, tandis que nous pourrons corriger et même au besoin remanier des pages entières, et faire toutes les additions et retranchements nécessaires : avantage précieux dans tous les cas, mais surtout dans ces vastes entreprises où tant de fautes peuvent si aisément se glisser, et où les progrès successifs des sciences signalent à chaque instant des erreurs.

Quant aux frais d'établissement, ils se réduiront à l'achat de plusieurs modèles de deux machines assez simples, et dont le prix diminuera à mesure que l'usage en sera plus commun (1). On ne peut pas regarder comme oisif le métal que l'on conservera composé, puisqu'il remplacera les avances bien autrement considérables de papier et de tirage (2). C'est au contraire dans l'imprimerie actuelle qu'il y a toujours beaucoup de caractère fondu qui n'est pas employé. C'est ainsi que tout ce qui simplifie un art tend *en définitive* à l'amélioration de la classe ouvrière, en mettant les moyens d'établissement à la portée d'un plus grand nombre.

Enfin, on apercevra aisément quelques conséquences plus éloignées, et d'un ordre supérieur, mais qu'il est inutile d'indiquer ici.

En résumé :

1° On ne peut nier l'incroyable rapidité de la fonte polyamatype. On dit, il est vrai, que ces caractères durent moins; mais cet in-

(1) Remarquez qu'il n'y a que trois sortes de caractères communément employés. L'appareil pour composer ne coûte pas 100 francs.

Dans l'imprimerie ordinaire, les frais d'établissement correspondants sont une masse de caractères qu'il faut toujours renouveler, etc. Dans le stéréotype d'Herhan, outre les différentes machines pour frapper les matrices, pour clicher, pour corriger, il y a une quantité considérable de matrices, qui reviennent l'une dans l'autre à huit ou dix sous pièce, etc.

(2) Quand le débit de l'ouvrage ne sera plus assez grand pour que le bénéfice surpasse l'intérêt de l'argent employé à la conservation des formes, il est clair qu'il ne faudra pas les conserver plus longtemps. C'est ce qui a pu arriver pour des stéréotypes ordinaires.

convénient, en le supposant véritable, serait bien diminué dans notre nouveau système, puisque les caractères ne servant jamais qu'à un seul ouvrage, il s'en faudrait de beaucoup qu'ils fussent employés aussi longtemps qu'on veut les faire servir actuellement. D'ailleurs, nos tirages étant successifs, nous serions forcés de voir une tierce à chaque nouveau tirage.

2° Il n'est pas plus difficile de fondre avec un moule polyamatype à trois lignes de hauteur qu'à dix lignes et demie (1).

3° L'appareil au moyen duquel on peut composer avec des caractères de trois lignes, plus aisément qu'on ne le fait maintenant avec des caractères de dix lignes et demie, est fait, et ses résultats ne sont pas douteux.

4° Les manutentions qui précèdent ou qui suivent la composition peuvent se faire d'une manière appropriée à la nature de nos nouveaux types.

5° Les pages qui en résultent sont de véritables clichés, quoique avec un peu plus d'épaisseur, mais beaucoup plus faciles à corriger, et obtenus par une seule opération.

6° Enfin, quant aux avantages de ce système, ils sont considérables à plusieurs égards, et tout le monde peut en faire le calcul.

Dans une circulaire adressée dernièrement à tous les maîtres imprimeurs, on a énoncé des *résultats* qui semblent avoir quelque rapport avec ceux que je viens d'exposer. Il devenait donc nécessaire de donner de la publicité à des idées que j'ai communiquées depuis long-temps à plusieurs personnes. D'ailleurs, s'il est prouvé qu'il y a encore quelque chose à faire dans un art aussi important, il est bon que plusieurs y travaillent, afin qu'une découverte d'un intérêt général se fasse le plus tôt possible. Au reste, je prie ceux qui voudront juger ce plan d'une nouvelle typographie de se rappeler que dans les arts le plus difficile est d'avoir l'idée d'un procédé quelconque : par la pratique, ce procédé se rectifie, se corrige, et tend toujours à se perfectionner.

P. ARNAUD LEROUX.

Août 1822.

(1) J'ignorais l'existence de la fonderie polyamatype quand je conçus la possibilité de composer au moyen d'un appareil avec des caractères de deux à trois lignes de hauteur. Ce changement nécessitait l'autre; je fis donc des essais pour fondre un grand nombre de lettres à la fois. D'après ces essais, je ne doute pas que l'on ne puisse faire un moule polyamatype sur un plan absolument différent de ceux qu'on a suivis jusqu'à ce jour, et incomparablement plus facile à exécuter. (*Note de 1822, comme toutes les précédentes.*)

VII.

Puisque je suis obligé de faire ma preuve, il faut que je réponde à toutes les objections. On m'a demandé pourquoi le petit écrit qu'on vient de lire était signé autrement que ne l'ont été mes écrits venus plus tard. Je réponds que le nom joint au mien est celui de ma mère. C'était un vœu du cœur. Nous perdîmes notre mère en 1821, et j'attribuai en partie notre malheur aux privations et aux inquiétudes qu'elle avait dû éprouver.

Je fis tirer ce petit écrit à mille exemplaires, et je le distribuai dans les imprimeries et chez les libraires. Je réussis à le faire annoncer dans plusieurs journaux. Je l'adressai aux hommes politiques les plus connus par leurs sentiments libéraux. Voici, entre autres, la lettre que j'écrivis à M. Laffitte :

« Monsieur ,

« Permettez que je vous présente ce plan d'une *Nouvelle Typographie*. Un coup d'œil jeté sur une imprimerie suffit presque pour juger de ses avantages.

« Chacun pourra voir que le premier résultat de ce nouveau système serait de diminuer considérablement le prix des livres ; mais il en aurait encore d'autres, que j'ai à peine indiqués, parce qu'avant la mise en complète activité, il est inutile de dérouler toutes les conséquences d'une idée féconde.

« Raynal a dit : « Peut-être un jour il y aura autant d'imprimeries que de « bibliothèques. »

« Et Rabaut-Saint-Étienne : « C'est une coalition bien remarquable que le « projet concerté de restreindre les imprimeries en Europe ; mais le temps « approche où cet art changera, et où, au lieu d'un secrétaire, vous prendrez « un garçon imprimeur. Alors la liberté des presses existera, comme nous « avons toujours eu la liberté des écritoires. »

« Que faut-il pour que ces prédictions s'accomplissent ?

« Deux choses : *diminuer les frais d'établissement, et faire de l'Imprimerie un art si facile, que tout le monde puisse s'en servir à volonté et sans peine,* tandis qu'elle exige actuellement l'adresse et le labeur opiniâtre d'ouvriers exercés dès l'enfance.

« En dirigeant mes efforts vers ce but, j'ai souvent eu l'espérance de mériter un jour l'approbation de ceux qui, comme vous, demandent hautement l'émancipation d'un art qui sert à perfectionner tous les autres.

« Je vous salue avec respect, etc.

Je rapporte dans ma lettre à l'Académie, que M. Pierre Didot, ayant lu cet écrit, me proposa de m'aider à le réaliser. Certes, j'étais plein de vénération et de sympathie pour cet homme, l'honneur de la typographie. Mais M. Didot cédait en ce moment ses ateliers à son fils, et puis le résultat de ma découverte était d'anéantir la valeur de l'immense fonds de caractères qui composait en partie la fortune de cette maison. Enfin je sentais que m'associer avec un aussi grand nom que celui des Didot en imprimerie, c'était renoncer à toute part d'influence dans la réalisation d'une découverte qui m'avait occupé si longtemps.

J'espérais tout d'ailleurs de la personne amie qui m'avait demandé des mois et des années d'épreuves ; je pensais la convaincre enfin que des fonds qui me seraient confiés ne seraient pas employés inutilement. Je retrouve dans mes papiers le brouillon d'une lettre que j'adressai alors à cet ami. Voici cette lettre :

A M. D***.

« Quand je vous présentai la première fois mon projet, il y a déjà plusieurs années, il était naturel d'en regarder l'exécution comme bien éloignée. Je ne connaissais pas alors dans tous ses détails l'art que je voulais changer. Il était présumable que je rencontrerais bien des difficultés imprévues. D'ailleurs mes idées n'étaient qu'ébauchées. Les avantages n'étaient pas calculés avec exactitude, et les procédés étaient à trouver. Vous n'avez dû voir là qu'une idée féconde, sans rien de plus.

« Mais voilà six ans que je travaille. Il n'y a rien dans l'imprimerie qui me soit inconnu ; et cependant je n'ai pas un instant renoncé à mes idées. J'ai continuellement comparé ce que je veux faire à ce que l'on fait ; et je n'ai pas balancé à exposer à tous les yeux et à toutes les critiques le plan de ce nouveau système. Comment a-t-il été reçu dans les imprimeries ? Il n'y a pas un de ceux qui l'ont compris qui ne soit convenu de ses avantages ; aucune objection sérieuse ne s'est élevée sur ce que j'ai pu exposer avec quelque développement. Toutes les objections ont porté uniquement sur l'appareil à composer. C'est cet appareil que ceux qui ne l'ont pas vu regardent comme une imagination chimérique. Quant aux avantages du système, je vous répète qu'ils ont frappé tous les yeux, et que personne dans nos ateliers ne les a mis en doute. Tous se sont bornés à dire qu'ils ne concevaient pas que l'on pût composer autrement qu'on ne le fait maintenant.

« Or je vous jure que, depuis que j'ai perfectionné l'essai que je vous ai montré dans le temps, jamais le plus léger doute ne s'est élevé dans mon esprit ; et vouloir que j'aie du doute à ce sujet, ce serait vouloir me faire renoncer au témoignage de mes sens et à ma propre conscience.

« Quant au moule polyamatype, M. Henri Didot, qui en a fait exécuter deux, m'a dit qu'il était *dix fois plus aisé de fondre à trois lignes qu'à dix*

lignes et demie; et le plus simple raisonnement suffit pour ne laisser non plus
aucun doute sur ce point. Je vous ai montré mon essai de moule, dans lequel
je profite utilement des procédés de mon cousin Herhan pour la justification
des matrices de cuivre. Comme c'est Herhan qui m'a appris l'imprimerie, il
s'est trouvé qu'ayant conçu, dès mon apprentissage chez lui, mon idée générale, laquelle entraînait un changement dans l'art de fondre, j'ai dû naturellement m'inspirer de son procédé de stéréotypage pour faire mon moule.
Aussi ce moule est-il essentiellement différent de celui de M. Didot, qui s'occupait alors de son côté de l'idée d'une fonderie nouvelle. Je persiste à croire
que si j'avais les fonds nécessaires pour exécuter ce moule autrement que
nous n'avons pu le fabriquer, mes frères et moi, dans l'essai que vous avez vu,
les résultats seraient on ne peut plus satisfaisants.

« Je l'ose dire, nous avons entre nos mains une des plus belles découvertes
qui aient été faites depuis trois siècles, parce qu'elle tient au premier des arts,
à celui qui sert à perfectionner tous les autres, et qui touche aux plus grands
intérêts moraux et politiques.

« Si vous ne jugiez pas qu'il soit temps de songer à l'exécution définitive, je
me vois accusé d'avoir avancé une chose fausse ; ou peut-être d'autres, mu-
nis de cet d'argent qui me manque, arriveront au but avant moi, en suivant
les errements que j'ai indiqués. Et certes aujourd'hui, avec un peu d'o-
piniâtreté on y parviendrait aisément, car le plus difficile était de concevoir la possibilité d'un pareil procédé. Voyez ce qui est déjà arrivé pour la
fonderie.

« Mais peut-être cela vous paraît-il beaucoup moins intéressant que je ne
l'imagine. Quel malheur que vos occupations et votre genre de vie vous
laissent aussi froid à ce perfectionnement d'un art mécanique ! Il faut avoir
vu quelle rumeur mon simple prospectus a causée, comme tous ceux que
cela concerne s'en sont occupés, pour avoir une juste idée de l'importance
qu'on y attache.

« Prononcez donc. Je vous répète ce que je vous ai souvent dit. Une avance
de fonds d'un millier d'écus, mise successivement à ma disposition, au fur à
mesure des travaux, me paraît tout à fait suffisante.

« Je puis vous soumettre un plan détaillé de toutes les opérations. Je puis
discuter les objections les plus minutieuses. Je n'en suis déjà plus à vous présenter ma seule persuasion ; car j'ai l'avis motivé des plus habiles ouvriers.
Mais si vous le jugiez nécessaire, j'en pourrais réunir plusieurs. Je soumet-
trais à cette sorte de comité un plan détaillé de toutes les opérations, et ce
plan serait discuté en détail devant vous.

« Je me sens plein de toute espèce de courage pour vous persuader ; et,
vous le savez, c'est l'intérêt d'une chose qui me semble grande et importante
qui m'inspire plus que tout le reste. »

Malheureusement pour moi, M. D*** ne me jugea pas encore assez éprouvé, et il m'engagea à accepter une place de prote dans l'imprimerie de M. Cellot, avec qui il se trouvait par hasard en rela-
tion. Cette place acceptée, le soin d'une des plus grandes imprimeries de Paris ne me laissa pas un instant de relâche pour penser à

mon invention. Un an ou deux s'écoulèrent donc encore sans aucun fruit à cet égard. M. Cellot ayant vendu son brevet à un de mes amis d'enfance, M. Lachevardière, celui-ci fut curieux de voir mon appareil à composer. Il le vit, en fut satisfait, et reconnut que l'idée était réalisable. Mais la même difficulté qui s'était présentée avec M. Didot se présentait encore. M. Lachevardière venait d'acheter un fonds de caractères d'imprimerie qui avait une valeur, à ce que je crois, de plus de cinquante mille écus. Il devait donc tourner plutôt son attention vers le perfectionnement mécanique de la presse ; et c'est lui en effet qui eut l'honneur d'importer en France les presses mécaniques anglaises. Il fut question un moment entre nous de modifier mon appareil à composer pour l'appliquer aux caractères ordinaires. Mais j'avais peu d'ardeur pour tronquer ainsi mon idée totale, et mes occupations journalières prenaient d'ailleurs tous mes moments. Je dois dire aussi qu'à cette époque le plan de journal que j'avais conçu depuis plusieurs années occupait le premier rang dans mon esprit. M. Lachevardière accepta cette dernière idée, celle d'un journal ; il mit à ma disposition les fonds nécessaires, et *le Globe* commença à paraître en 1825.

VIII.

J'ai terminé ma triste narration, écrite avec la rougeur qu'on éprouve toujours lorsqu'il faut entrer dans des détails de vie personnelle. Elle a pu déplaire au lecteur, comme elle me déplait à moi-même. Qu'y voit-on en effet ? D'un bout à l'autre, l'impuissance du *prolétaire* à réaliser les idées qu'il a pu concevoir.

Force m'a été d'entrer dans ces détails. Sans cela, de quel droit oserais-je réclamer quelque honneur dans des procédés qui vont certainement, au bout d'un temps plus ou moins éloigné, transformer l'Imprimerie en un art tout nouveau ?

Mais après ces détails, je me crois en droit de conclure avec toute certitude :

1° Que j'ai eu, il y a plus de vingt ans, l'idée d'une réforme générale de l'Imprimerie, comprenant à la fois la Fonderie, l'Imprimerie proprement dite, et la Stéréotypie ;

2° Que l'un des détails de cette idée synthétique consistait dans la composition au moyen d'une machine ;

5° Que j'ai réalisé ce détail par un appareil d'une extrême simplicité, que plusieurs personnes ont vu, et que je suis prêt à reproduire;

4° Enfin que nul autre jusqu'ici que moi n'ayant présenté l'idée complète d'une nouvelle typographie, telle qu'on la trouve formulée dans mon écrit de 1822, cette idée me demeure acquise, puisqu'elle est, aujourd'hui même, comme je l'ai écrit à M. Arago, aussi neuve qu'il y a trente ans.

Je termine donc cet article en répétant ce que j'ai dit aussi à M. le Secrétaire perpétuel de l'Académie des Sciences : « Je vois avec bonheur la réussite des inventeurs qui viennent modifier la Typographie, et j'espère que, de leur côté, ils me verront avec satisfaction rentrer dans cette carrière, s'il me convient et s'il m'est possible d'y rentrer. »

Puissions-nous ainsi vérifier cet axiome de Senèque, que j'avais pris pour épigraphe de mon écrit de 1822 : *Nec ulli nato post mille secula præcludetur occasio aliquid adhuc adjiciendi.*